박 창 종(無我)

- 전남 무안 현경 출생
- 경동초 · 수도중 · 경복고(50회) · 서울대수의대 · 건대행정대학원수료
- 동력자원부 · 대한송유관공사 · 용인고용센터 · 가축위생방역지원본부 근무
- 현 성수전략정비구역 제1지구 재개발조합 감사
- 시집 봄여름가을겨울(2016. 6. 16) / 밀물 · 썰물(2019. 6. 14)
- 사단법인 한국문인협회 추천시인으로 등단(2021. 12)

- 좌 우 명 : 知過必改
- 마 음 시 : 序詩
- 마음노래 : 法性偈
- 종　　교 : 佛敎
- 취　　미 : 등산, 바둑

200

님께

이 시집을 드립니다.

목 차

Ⅱ. 하 루 (25수 / 2020. 7 – 2021. 8)

머 릿 글

○ 우리

오늘하루가 저물어 갈 때면 무슨 생각을 하는가?

오늘이란 하루가 계절의 끝자락에 걸려 있다면 무슨 생각을 하게 될까?

혹시나, 한해의 끝자락에 걸려 있다면 무슨 생각을 해야 하나?

오늘하루가 쌓여 계절을 이루고 한해 마무리 짓는다 함을 생각할 때
그 흘러감 속의 오늘하루를 음미해 보는 시간을 가져보았으면 한다.

○ 法性偈(법성게) 중에서

一中一切多中一(하나 속에 여럿 있고 여럿 속에 하나 있고)

一卽一切多卽一(하나가 바로 여럿이요 여럿이 곧 바로 하나로구나)이라고

선각자가 읊으심도
오늘하루에 의미를 부여함이 아니었을까?

우리가 이 세상에 왔다가 사라지는
一大事件도
오늘하루라는 문을 통하여 오고 감이 아니던가.

지나 가버린 하루는 기억 속으로 묻혀가고
다가올 하루는 아직 오지 않았으니 모르겠으나

나를 마주하고 있는 오늘하루는

우리에게
무엇을 말하고 있고
무엇을 하라 하는가.

○ 오늘하루도
어김없이 저 석양 속으로 넘어가듯이

우리 한생도
거기서 벗어나지 못한다 함을 인식하고 있어야 하지 않겠는가.

오늘하루 동안
물결친 여운이
나의 한생 가운데에서
소용돌이치다 삶의 한 페이지를 만들어가겠지.

오늘하루가
우리 삶의 모퉁이가 아니라
우리 삶의 중심에 항상 자리잡고자 하는 바램을 가져본다.

○ 오늘도

하루가 고개 넘어 가는 시간 앞에
한 잔의 냉수와 한 잔의 온수가 있다면
한 잔의 꽃차와 한 잔의 술이 있다면

어느 잔을 택하고 싶은가라는 화두를 던져보자구나.

○ 어느 날 아침

카카오톡에 올라온 글 / 발췌하여 적어본다.

「인생은 언제나 봄날은 아니겠지만
항상 감사하는 마음은
우리 삶에 원초적 에너지를 주기에

오늘하루가 만족하지 않더라도
한발 물러서서
'오늘하루가 있었구나' 라고 감사하는 마음을 가져보라.

우리 日常의 아침마다
오늘이라는 밥과 하루라는 반찬이 있는
밥상을 맞이할 수 있음에 감사하는 마음을 가져보라.

이러한 마음들이 모여
우리 生을 익어가게 하고
우리 삶을 풍요롭게 함이 아니겠는가」

어찌 되었든
한 번 더 다짐하여 보자구나.

오늘하루가
내 인생에서 / 이 세상에서 가장 멋진 날이구나라고
감사하는 思惟習慣을 가져보자구나.

壬寅年 6월 10일(금)
글쓴이 올림

봄.여름.가을.겨울이 우리를 감싸 흐르고
밀물과 썰물의 출렁거림이 오.가는 가운데
오늘하루가 자리 잡고 있다고 日常이라는 바람이 속삭이네.

소나무의 겨울

- 卷頭詩 -

이 종대 시인

푸르던 잎이 지는 계절이 오면
소나무도 속으로 앓는다.

여름처럼 성성한 잎
그대로인 척 당당한 체하지만
소나무도 춥다. 겨울이 오면
남들 모르게 잎도 지고
찬바람엔 몸을 떤다.

잎들이 혼돈 속으로 떨어지고
산야가 눈으로 묻혀버리는 계절이 오면

소나무는 푸른 잎 그 속에
누렇게 바랜 가슴 감추고
견뎌내고 참아내며
파랗게 떨면서도
의연한 척 기도한다.

남에게 희망을 주는 일이란
그렇게
내 아픔을 견뎌내는 것이다.

이 종대 시인

- 1995년 청주문학 창간호로 등단 / 1996년 월간문예사조 신인상 수상 / 2016년 19회 내륙문학상 수상
- 2002년 1집「어머니의 새벽」/ 2011년 2집「뒤로 걷기」/ 2021년 3집「꽃에게 전화를 걸다」발간
- 권두시는 시인님의 동의를 얻어 3집에서 발췌

억새

사람이 바람을 만나 산을 오르고
바다를 찾아가고 대지의 나그네되어
그만의 흔적을 남기고 떠난다 하는가

오늘하루

133 190627

오늘아침 일어나
四季를 생각한다.

봄은 설레임을
여름은 즐거움을
가을은 상쾌함을
겨울은 시원함을
가져다준다 하는데

오늘하루 지내는 동안

아침엔 설레임이
낮에는 즐거움이
오후엔 상쾌함이
저녁엔 시원함이

내게로 다가와
四季의 고마움을 느끼게 하여 주었으면 좋겠네.

2019. 6. 27(목) 07시 25분
日常속에서
나의 몸과 마음이 四季를 느낄 수 있게 되기를 바라며.

無住相布施

(무주상보시)

134 190701

우리 누구나
사랑 속에서 태어나
살아가다 사라지는 존재가 아니던가?

우리
사랑한다함
어디까지 알고 있으며
한 걸음 더 들어가
사랑이 만들어 낸 그림자
어디까지 알고 있는가?

사랑을
주고받는 것이라 한다면
그 사랑은 울림이 없는 메아리요

언젠가는 아물지라도
그 사랑은 받지 못함이란 상처의 흔적을
남기고 가겠지.

사랑을
주는 것이라 한다면
그 사랑은 주는 것만으로도 흐뭇함이요
존엄함으로 격상되는 것이다.

우리 마음 한가운데로
퍼져 나가는 울림은 무엇인가.
우리 마음 깊숙이
스며드는 그림자는 무엇인가.

이름하여
바로
無住相布施라 하네.

2019. 7. 1(월) 14시 26분
유심초의 「사랑하는 그대에게」 라는
曲을 들어가며 써 내려가다 無住相布施에 이르다.

연애의 里程標

135 190703

남자와 여자
그리고
여자와 남자

만남의 이유도 많고
헤어짐의 사연은 더욱 많다 하고
만남의 즐거움은 잠시 뿐
헤어짐의 아쉬움은 깊고도 길다 하는데.

왜, 그러할까?
뿌린 만큼
거두어들이는 것도 아닌 것 같고

가까워질수록
그만큼 멀어지는 것 같기도 하고
연애의 속성이 원래 그러한 것인가.
아쉬움과 안타까움이 뒤엉킨
뒤안길 돌아다 보니

저만큼에서
삼색의 깃발이
바람에 나부끼고 있구나.

「일색엔 Be Slow
이색엔 Be Steady
삼색엔 Be Moderate」라고.

2019. 7. 3(수) 07시 23분
배낭 가벼이 메고 집 뒷산 오르다
아직 나의 감성이 살아 있는가라고 되물어 보며.

想 念 II

136 190703

想은 다가올 시간을 그려봄이요
念은 지나온 시간을 더듬어 보는 것이다.
- 想과 念 사이를 무엇이라 하는가?
지금이라 하네
- 想과 念 사이엔 누가 있는가?
내가 앉아 있네.

앉아서
지나옴을 더듬어 보고
다가옴을 그려보는
나의 모습 바라보며

- 想念을 비라 하면
그 비에 흠뻑 젖어 보고
- 想念을 호수라 하면
그 호수에 흠뻑 잠겨 보자구나.

우리의 想念이
공간과 시간을 만나
세월이 되고
그 세월 속으로
잠기어 들어가다가
그 어느 순간 사라져감을 바라보자구나.

2019. 7. 3(수) 08시 27분
우리 집 뒷산 반대편으로 내려오다
벤치에 앉아 적어본다.

마음에서 마음으로

137 190725

삶의 한 가운데에서
세월 한 가운데에서
가끔씩
나 홀로 있음을 지켜볼 때가 있다.

나 홀로라 함은
외로움인가?
자유스러움인가?

누군가
나를 찾아온다 하네
생각하지 말자
그냥 바라볼 뿐.

이 마음은
외로움인가?
자유스러움인가?

누군가
나의 마음 들여다본다 하네
긍정도 / 부정도 하지 말자
오로지 지켜볼 뿐.

이 마음은
외로움인가?
자유스러움인가?

우리의 오고 감이
어느 한쪽으로 기우러지면
무거워져 감에
멀리 갈 수 없다네.

그 무거움을
외로움이라 해야 하는가.

마음의 저울추가
사랑도 그만하라 하고
미움도 그만하라 하며
오고 감의 균형을 찾아주면
가벼워져서 멀리 갈 수 있겠지.

그 가벼움을
자유스러움이라 하는가?

나
이제
외로움에서 벗어나
자유스러움 속으로 들어가 보자구나.

그 자유스러움이
지금보다 큰
외로움이라 하더라도
신발끈을 다시 매어 보자구나.

<u>2019. 7. 25(목) 05시 19분</u>
<u>아침 4시</u>
<u>알람 소리에 깨어나</u>
<u>어둠 속에서 생각을 뒤척이다</u>
<u>일어나 밀려드는 상념을 정리하다.</u>

바뀌어감을 바라본다.

138 190808

우리
태어나
사회화라는 공간 속에서
노령화라는 시간 속에서
익어간다.
죽는 그 순간까지 익어 감이 맞다.

어떠한 익어감이든
그 안엔
우리를 감싸 안았던
바뀌어감이 스며들어있다.

삼라만상의 주인은
누구인가.
삼라만상을 지배하는 자는
누구인가.

과거에도 / 현재도 그리하였고
앞으로도 그리하겠다는 자는
누구인가.

그 누구란
절대자가 아니라
<u>바뀌어감이라 하면 어떠할까.</u>

선지자
이를
無常이라 하셨네.

無常이라는 바람이
밖에선
봄.여름.가을.겨울을 만들어가고
안에선
好.不好.是.非를 어우러지게 한다.

밖이든
안이든
사계절 생각하며 한 구절 읊어본다.

「계절의 속성은
한 번 찾아오면
싫든 좋든
시간이 흘러야
바뀌어간다 하지 않던가?」라고.

2019. 8. 8(목/입추) 12시 21분에

아쉬움 남기고 간 오고 감을 생각하다.
好.不好.是非를 순간순간 드러냄보다는
익어감 속에서 은은하게 드러내는 여유스러움을 그리워하며

一生에서 남는 것

139 190904

누구나
걷고 걷다 지치면
어딘가에 앉고 싶겠지
그러다 두 다리 펴고 누웠다가
한생을 마치는 것이다.

나를 감싸고 있는 그 모든 것
다 사라져감을 눈앞에 두고 있다면
무엇을 생각해야 할까?

누구도 알 수 없는
나만의 색깔
나만의 의미
나만의 여운

이것만이
진정한 나의 것이요
一生에서 남는 것이다.

2019. 9. 4(수) 18시 45분
행복한 家에서 보낸 이메일 중
「一生에서 남는 것은 의미와 여운이다」라는 문구를 음미하면서

가을의 의미

140 190913

가을은
수없이 찾아왔다 가버렸건만
나에게
가을의 의미는
무엇이었던 걸까?

가슴 속의 노을이라 할까나.
아니면
노을이 가슴 속으로 찾아들었다 할까나.

노을이
가슴 속으로 찾아드니

장엄하고
아름다운
고운 빛을 품은
夕陽이 되고

그 노을이
가버리니

가을 그림자 되었다네.

그 그림자가 말하길

「말없이 가라 하고
되돌아보지 말고 가라 하고
기약 없이 떠나가라 하네.」

2019. 9. 13(금) 추석 10시
분당중앙공원 산책로에서 적다.

가을하늘 아래

(副題 : 익어감을 조심하라)

141 190914

과일이
철 따라 익어가고
우리네 감정도
철 따라 익어감을 바라보며

그 익어감을
소유하려 하지 마라.
있는 그대로 지켜보기만 하여라.

혹시나
그것들이
길 잘못 들어
미움의 씨앗으로
돌연변이되어 버릴지 모른다.

이 세상 안에 있는
그 모든 것들

지나침은
모자람보다
더 빠르게 / 더 깊숙이
어둠 속으로 빠져들지 않던가?

日常의
우리의 감정도
이와 같음이
물결쳐 다가옴을 바라본다.

2019. 9. 14(토) 오후
수지 풍덕천사거리 모텔(메트로 21)에서
리차드기어 주연의「뉴욕의 가을」감상하다.

만 남 II

142 191018

어느 시인
가을하늘 아래
속초바다 바라보다 노래하였다 하네.

한없이 푸르른 공간에
조각배 하나 떠 있어
바다인 줄 알았네라고.

진하디진한 푸르른 시야에
조각구름 한 점 떠 있어
하늘인 줄 알았네라고.

그 푸르름
마음에 담고 있다가
날 가기 전에 한줄기 엮어보았네.

「떠 있는 조각배는
파도에 밀려
바다 끝으로 흐르고

떠 있는 조각구름은
바람에 밀려
하늘 끝으로 흐르다

끝과 끝이
맞닿는 곳 어딘가에
조각배와 조각구름
하나 되어 머무르지 않겠는가」 라고.

2019. 10. 18(금) 22시 55분
\- 우리 人生史 흐르고 흐르다 보면
꿈과 현실 하나 되어 감을 생각하며 -

어느 시인은 우리 뒷집에 살고 계시는 김원식 님이십니다

小 確 幸

143 191211

옛 현인들은
삶 속에서
삼여[三餘]를 찾으라 하셨다.

「하루엔 저녁이
일년엔 겨울이
일생엔 노년이
여유로워야 한다」 라고.

요즈음엔
서로 주고받는다네.
「일상에서 小確幸을 찾아보자」 라고.

주변을
스치며 바라보다
밖에서 안이 아니라
안에서 밖을 바라보고자 하는 마음으로
적어본다.

1. 小確幸은
남과의 비교가 아닌
어제의 나와 오늘의 나를 비추어 보는 데서 시작하고
누구를 사랑하고자 함보다
오늘하루를 사랑함에서 시작한다라고
적어본다.

2. 小確幸은

가벼움이다.
우리 주변을 감싸고 도는 인간관계
가벼울수록
우리 발걸음도
그 格이 높아지겠지.

혼자이든 / 함께이든
아무리 먼 길 간다 하더라도
좌우로 치우침 없는 발걸음은 가벼웁기에
旅程(여정)이 지난 후
노을로 물들어질
小確幸이다라고
적어본다.

3. 小確幸은

설레임이다.
수많은 만남과 이별이 엉켜있는 우리의 삶.
만남은 설레임으로
이별은 아픔으로 다가오지는 않았던가?

혹시나
어떤 만남은 걱정스러움으로
어떤 이별은 시원섭섭함으로
다가오지는 않았던가?

어찌 되었든
우리의 삶
걱정하면 지는 것이요
설레이면 이기는 것이라 하는데

우리가 얻고자 하는
최고의 小確幸은
설레임이 아닐까?

매일은 아닐지라도
가끔씩
설레임으로 시작하는
이른 아침이
청춘을 다시 가져다주지 않겠는가라고 적어본다.

<u>2019. 12. 11(수) 23시</u>
<u>12월 8일 아침부터 / 나의 小.確.幸은 무엇일까 생각하다</u>
<u>오늘 마무리하며 적어본다.</u>

그리하고 싶다.

(副題 : 자연을 벗 삼아)

144 191222

바람은
항상 나와 함께 하니
또 하나의 나요

구름은
그리움을 가져다주니
나의 연인이요

강물은
변함없이 흘러가니
나의 친구라 하네.

이 세상
모든 것
바람과 구름과 강물 따라
흘러가고 있음에

나
또한
바람과 구름과 강물 되어
흘러가고 싶다.

시간에
얽매임 없이
장소에
머뭇거림 없이
그냥 흘러가고 싶다.

그 흐름 즐기면서
한 꺼풀씩
지나온 감정들로부터 벗어나고 싶다.

2019. 12. 22(일/동지) 01시 55분
금년 여름 어느 날
메모장에 적어둔 「바람과 구름 그리고 강물」을 보고 쓰다.

무엇을 보았는가

145 200101

하얀 눈보라가 날리는 들판
그 한가운데
서 있는 자는 무엇을 보았고
앉아 있는 자는 무엇을 보았는가.

하얀 달빛이 부서지는
깊어가는 밤
만남을 그리워하는 자는
무엇을 보았고

헤어짐을 아쉬어하는 자는
무엇을 보았는가.

하얀 눈보라와
하얀 달빛은
해마다 찾아와 사라졌건마는

물결치며 다가왔던
그 빛깔과 그 느낌은
시절 따라 달라져 왔네.

새해 아침의 울림 들으며
하얀 눈보라를 바라보며
하얀 달빛을 안아보고 싶구나.

그 울림과
두 하이얀이
어떤 모습으로 다가올지
설레임 안고서
가보자구나.

2020.01.01. 02시
경자년 / 2020해 새해 아침에
두 가지 誓願(서원) (건강의 소중함과 고령사회 內(내) 나의 일자리)을 안으며 쓰다

그리움이 夕陽(석양)에 물들어가다.

146 200215

저무는 해질녘
고개 너머 들려오는 소리 있네.
「오늘하루 짐 내려놓고 쉬라」 고

그 소리
애주가에겐
한잔하라는 권주가 되어
이 밤에 그리움을 노래하라 하네.

술이
그리움을 가져온다 하는가.
아니라네
그리움이
술집 찾아 간다함이 맞다네.

술은 그리움을 불타게 할 뿐
그 불타오른 그리움
어찌해야 할까나?

저무는 해질녘
저 산 너머 들려오는 또 하나의 소리 있네.
「오늘하루 짐 내려놓으며
밀려드는 그리움
맑은소리와 함께하라 하네.」

그래
그리하자구나
어디로부터 들려오는
트럼펫의 맑은소리와 함께
스며드는 그리움들
夕陽(석양) 속으로 물들어가게 하자구나.

2020년 2월 15일(토) 23시 53분
밀려드는 그리움을
트럼펫과 함께하고픈 바램 속에서.

설 레 임

147 200309

어느 인생이든
태어난 후엔 무거운 짐 지고
먼 길을 가는 것이다.

그 길 가다
빛과 그림자가 얽키어 다가오면
그 무거움에 주저앉기도 한다.

우리 주위를 맴돌고 있는
빛과 그림자
한 생각에서 나왔음에도

세월이 지난 후엔
어찌 그리도
가까이하기가 어려운 것일까?

우리를
멀리서 지켜보고 있는
빛과 그림자
한목소리 내어 들어보라 하네.

- 주저앉으면 지는 것이요
일어서면 이기는 것이다라고.

- 놓치 않으면 지는 것이요
놓아버리면 이기는 것이다라고.

-기대하면 지는 것이요
기다리면 이기는 것이다라고.

- 부러워하면 지는 것이요
만족하면 이기는 것이다라고.

- 두려워하면 지는 것이요
설레이면 이기는 것이다라고.

그래
그리하자구나.
봄날의 아지랑이가
빛과 하나 되어 피어오르듯이

설레임이란 아지랑이가
가야 할 길
함께
하자 하는구나.

2020. 3. 9(월) 20시 46분

코로나바이러스가
온 나라를 힘들게 하는 가운데
부정하기보단 긍정하는 마음으로
바라보고 지켜보자.

외로움과 무거움

148 200316

우리
살아가다
가끔씩 던져보는 의문이 있다.
「삶이 외로워서 힘이 든다 하는가
삶이 무거워서 힘이 든다 하는가」라고.

우리
걷고 걷다
나홀로라 함을 느낄 때면

우리의 삶
더욱 무거워져 감을 어찌해야 할까나.

외로움과 무거움이
앞서거니 뒷서거니 하며 다가올 땐
높고 푸르른 하늘 바라보자.

저 하늘 어딘가로
새 한 마리 날아가다
땅으로 오는 이유는
텅 빈 하늘이 외로워서일까.
그 외로움이 무척이나 무거웠나 보다.

우리의 시간들이
계절 속으로 물들어 짙어감에
외로움과 무거움에게 물어본다.

「우리가 외로워서 무거워지는가
우리의 삶이 무거워서 외로워지는가」라고.

우리
살아가다
늙어감도 무거움으로 다가오는데

「나이로 늙어가는 자 / 노인이라 하고
세월로 익어가는 자 / 어른이라 한다지」

나이 들어가면서
「외로움과 무거움」
그 의미가
그리도 다르다 하는구나.

2020. 3. 16(월) 10시 47분

코로나바이러스로 인한
사회적 거리두기가 확산되는 무거움 속에서
사흘간 뒤척이며 쓰다.

어둠의 에너지

(Covid -19)

149 200430

봄이 오면 꽃들이 피고
새들의 날개짓도 가벼워지건만
이 땅에
코로나 19가 찾아온 지 백여 일.

- 우리 일상에 찾아온 코로나 19
어떤 메시지를 던지고 있는가.
- 인간존재의 다양성이 만들어 낸 지금의 지구가 싫었던 것일까.
바이러스도 그 존재가 다양하다 함을 드러내고 싶었던 것일까.

- 하늘엔 계획이 다 있다하는데
무엇이 달라졌고
무엇이 달라지고 있고
무엇이 달라져야 하는가?

오랜 장마가 독버섯을 키우고
오랜 전쟁이 전염병을 불러 왔듯이
우리가 모르는
또다른 어둠의 에너지가 찾아온 것은 아닐까?

우리라는 심연(深緣) 속에서 나와
우리를 항상 감싸고 있는 어둠의 에너지
그 끝은 어디일까?

지나온 회한과 연민이 몸과 마음을 무기력하게 함도
어둠의 에너지요
어쩌다 손에 든 패가 나만은 이기게 할 수 있지 않을까 하는 망상
또한, 어둠의 에너지요
단 한 번으로 깨달을 수 있다는 돈오(頓悟)의 환상
또한, 우리를 버겁게 하는 어둠의 에너지다.
지구 곳곳에 퍼져있는 양극화의 골짜기에 바이러스가 숨어 있다면
이 또한 어둠의 에너지가 아니겠는가.

어두움의 세계에서
어두움을 먹고 자라나
지금도 우리를 쳐다보며
환상과 망상의 날개짓으로 다가오는
그 수많은 어둠의 에너지를
어찌해야 할까나?

아침마다 눈을 뜨면
뉴스 속에서 꿈틀대는 어둠의 에너지를 타고
수 없는 바이러스가
그 존재감을 과시하려 한다면
어찌해야 할까나.

혹시나 바램을 가져본다.
「우리 주변을 감싸고 도는
어둠의 에너지가 옅어진다면
바이러스도 알아서 잠잠해지지는 않겠는가」 라고.

2020. 4. 30(목) 22시 30분에
사월 초파일 / 오늘 오후 광교산 신봉로길 하산하면서
틈틈이 메모하여 왔던 코로나 상념들을 정리하다.

그러므로 당신은 나입니다.

150 200504

스님이 마스크 쓰고 있네.
默言修行 중인가?

거리 한복판
남녀노소 모두가 엄숙히 마스크 쓰고 있네.
아마도 默言修行은 아닌가 보다.

어느 날
갑작스럽게
우리에게 나타난 코로나 19는 말하고 있다.

- 우리 모두는 같은 그물망에 들어 있음을.
- 우리 하나하나가 바로 그물코임을.
- 지구 반대편의 누군가 아프면 우리모두가 아플 수 있다함을.

그 옛날
어느 賢人 읊으셨다네.

「하나 속에 여럿 있고
여럿 속에 하나 있네.
하나가 바로 여럿이요
여럿이 곧 바로 하나로구나.

한 작은 티끌 속에
시방세계(十方世界) 담겨 있고
온갖 티끌 속 또한 이와 다름없네」라고.

이 노래 따라 불러보면서
코로나 19 백신의 이름 지어본다.
그 이름
「그러므로 당신은 나입니다」라고.

2020. 5. 4(월) 0시 53분에
2020. 5. 2.字 경향신문의
[김택근의 묵언 / 그러므로 나는 당신입니다]를 읽고 쓰다.

여 백

151 200509

화선지에
새 한 마리 그려 놓으니
남은 여백 / 하늘이 되고

조각배 하나 그려 놓으니
남은 여백 / 바다가 되었네.

바람 부는 저 하늘엔
무엇을 그려 놓고
파도치는 저 바다엔
무엇을 그려 놓아야 할까?

어느 날
저 하늘과 저 바다
나를 찾아왔네.

\- 수평선 위 하늘엔
뭉게구름 띄우라 하고

\- 수평선 아래 바다엔
갈매기 한마리 날게 하라 하네.

2020. 5. 9(토) 19시 55분
어느날, 설레임이 찾아온다면
어찌할까나를 생각해 보다.

밀고 당김

152 200511

밀고 당김은
자연 속으로 스며들어
이름하여
만유인력이라 한다지.

밀고 당김은
우리 삶 속에선
그 모습 바꾸어가며
그리움과 설레임으로 스며든다네.

봄바람 속 그리움은
아지랑이 따라 찾아오고
가을바람 속 그리움은
소리 없는 메아리 되어 찾아오는가.

아침에 맞는 설레임
햇살타고 오고
저녁에 찾아오는 설레임
노을타고 온다하는가.

어찌 되었든
그리움과 설레임이
앞서거니 뒷서거니 하며 찾아올 때

밀고 당기는
그 출렁거림 위로
자신을 던져보자구나.

가끔씩은
주변 돌아보며
그리움 밀어내어 추억에 잠겨보고
그리하다가
다가올 시간 바라보며
설레임 당기어 뭉게구름도 품어보자구나.

2020. 5. 11(월) 12시 10분에
메모 수첩에 적어 놓았던
지난 상념들을 되씹어보며 쓰다.

미완성의 노래

153 200527

구름이
바람을 만나
안개 되고 / 이슬 되고 / 비가 되듯이

사람이
바람을 만나
산을 오르고 / 바다를 찾아가고 / 대지의 나그네되어
그만의 흔적을 남기고 떠난다 하는가?

사람이
바람을 만난다 함이 맞는가?
바람이
사람을 만난다함이 맞는가?

사람이 바람을 만나든
바람이 사람을 만나든
그 중심은 사람이겠지.

人間史

어느 누구이든
한계 있어 왔고
어느 시대이든
그 또한 한계 있는 것이다.

누구에게든
그 인생 / 미완성이라 함을
어느 역사이든
그 줄거리 / 미완성이라 함을
받아들여야 한다네.

공간과 시간이 바뀜에도
끊임없이
우리에게 바람이 불어오는 것은

우리
어쩔 수 없는
未完成의 存在이기 때문이라네.

<u>2020. 5. 27(수) 14시 43분</u>
<u>광교산 수원 쪽 하산중턱 길목에서</u>

藥과 毒

154 200527

앞서 산 先人들
이야기하셨네.

「마누라 말은 보약이고
술친구 말은 독배라고.」
나이 들어 돌아다보니 맞는 말이다.

古今의 賢人들
이야기하셨네.

「꿈꾸고
희망 품는다고
다 이루어지는 것 아니다.
그 열매 향한
기다림은 藥이기에 가까이하라 하고
기대감은 毒이기에 멀리하라」 하셨네.

아마도
이 또한 맞는 말이 아니겠는가?

2020. 5. 27(수) 16시 10분
광교산 수원쪽 다 내려온 길목에서

波濤(파도) 타보라 하네

155 200601

마음 답답하거든
바닷가 찾아가
파도 바라보며
내 마음에 다가오는 출렁거림을 느껴보자.

우리 삶
수많은 파도
오가며 유혹하는데
어떤 파도를 타야 할까.

눈앞으로
밀려오는 파도
그 이름 모르지만
끊임없이 오고 가는데

파도 너머에서 들려오는 소리 있네.
「파도 거스르지 말고
그 파도 타보라하네」

2020. 6. 1(월) 03시 13분에
파도 소리 들으며
바닷가 거닐어보고 싶은 마음 띄워본다

里程標

156 200601

나그네 길가다
이정표 만나거든

뛰지도 말며 쉬지도 말며
가던 길 그대로 가라 하네.

뛰지 말라함은
다시는 오지 못할 산과 들을
조금이나마 더 응시해보라 함인가?

쉬지 말라함은
주막집 도착하기 전
날이 저물어 감을 생각하라 함인가?

우리 인생 걸어감에
「천천히 하되 꾸준히 하라」는 말은

- 소걸음이 천 리를 간다는
村老가 전하는 삶의 가르침이요

- 우리 어디에 있든
간직해야 할 里程標라네.

2020. 6. 1(월) 11시 46분
백년설의 대지의 항구
(1941 / 이재호 작곡, 남해림 작사)를 들으면서 쓰다.

1.「버들잎 외로운 이정표 밑에
말을 메는 나그네야, 해가 졌느냐 쉬지 말고 쉬지를 말고
달빛에 길을 물어 꿈에 어리는 항구 찾아가거라」

2.「흐르는 주마등 동서라 남북
피리 부는 나그네야 봄이 왔느냐 쉬지말고 쉬지를 말고
꽃잡고 길을 물어 물에 비치는 항구 찾아가거라」

3. 「구름도 낯설은 嶺을 넘어서
정처 없는 단봇짐에 꽃비가 온다. 쉬지말고 쉬지를 말고
바람을 앞세우고 유자꽃 피는 항구 찾아가거라」

보이지 않는 世界

157 200615

바람 불어 나무 흔들릴 때
그 바람은 보이지 않는 세계이다.
단지 느껴질 뿐이다.

누구를 만나 재미있을 때
그 즐거움도
보이는 것이 아닌 느껴질 뿐이다.

지금 내 눈앞 현실이
세월 아래
추억의 저편으로 물들어감도
보이지 않는 세계요

우리 안의 천당과 지옥
그 또한
보이지 않는 세계다.

나이들어 가며
보이는 세계가 아닌
느껴짐의 세계로 들어갈 때
익어가기 시작하고

보이지 않는
수많은 세계들을
징검다리 삼아 느껴보고자 함이
우리를
더 익어가게 한다네.

2020년 6월 15일 04시 42분에

보이는 존재의 세계보다
보이지 않는 관계의 세계를 생각하며 쓰다.
- 보이지 않는 관계의 세계는
- 서로에게 길들여지는 세계이기에 妙하면서도 무서운 세계임을 생각하며.

철이 들었는가

(副題 : 계절의 의미를 아는가)

158 200629

뭇 인간군상들!

1. 하루 마무리 짓는 저녁노을은
누구에게나 찾아옴 당연하건만
어느새 날이 저물었음을 아쉬워하고.

인연은 필연으로 다가오건만
그 모습 감추며
우연으로 다가옴을 알지 못하네.

2. 새벽 아침에 찾아든 안개가
한낮의 화창함을 알리고
날씨 무더움이 큰비 몰고 옴을 알리듯이

시련은 성장을 위한 나이테요
그 시련 다음엔 달콤한 열매가
반드시 다가온다함을 알고는 있는가?

3. 고금동서의 歷史
우리보고 들어보라 하네.

지배층은
기득권을
결코, 쉽게 내려놓지 않는다 함을

시대 바뀌었다 하여도
자유가치는 공유하면서도
평등가치는 인정하지 않는다 함을 알고 있는가?

지난 세월 돌이켜 보며
- 철이 무엇인지 모르고 지나온 시간들
- 살 만치 살았다는 이 시간축에서도 철이 들었는가를 되물어 본다.

- 철이 덜 들어 행하지 못함도 안타까웁지만
- 철이 든 후에도 행하지 않음은
우리를 더욱 슬프게 하는 뭇 군상들의 모습이다.

2020. 6. 29(월) 13시 56분
현대테라타워 미래인사무실에서

하루

시간에 얽매임 없이
장소에 머뭇거림 없이
그냥 흘러가고 싶다

존재와 사유 II

159 200704

존재의 세계엔
차별이 있어 왔다.

지금까지도
인종차별 / 빈부차별 / 지역차별 / 성차별 등이
이어져 내려오고 있고
요즈음은
언어차별 / 나이차별 / 정규직과 비정규직이라는
기이한 신분차별이 짙어져 가고 있다.

존재의 속성은
그 다양성이기에 다를 수밖에 없는데
왜 이리도 시끄러운가.

사유의 세계엔
格이 있다 하는데
이를 두고 차별이 있다 하지는 않는다.

학자는 논문으로
판사는 판결문으로
수행자는 행동으로 각자의 格을 비추인다.
우리 원하는 것은
차별사회가 아닌
格을 주고받는 존중사회가 아니겠는가.

예술에 정답이 없는 것처럼
그 누구의 인생에도 정답은 없다 하는데
그러함에도
현실은 그렇지 않다.

남과 달라지려 하는 욕망이
남보다 좀 더 가지려는 욕망이
경쟁을 낳고
그 경쟁이 낳은 차별사회를 어찌해야 할까나.

비움의 철학이 우리 삶에 울림을 주고
비움의 마인드가 행복의 키워드라 함을 인정하고 있음에도
결단코
현실은 그렇지 않다.

비움의 세계는
존재의 영역이 아니라
사유의 영역이기에
더욱 우리의 삶을 빛나게 해오지 않았는가.

언제부터
물구나무서서 이 세상을 거꾸로 보기 시작했는가.
차별바이러스도
진화하면서 그 힘 키워가고 있는가.

차별이란 흉터를 지닌 사회의 얼굴은 추한 몽골이요
미소짓는 동심의 세계로부터 멀어지는
이 현실이 안타까울 뿐이다.

노력한다고 달라질 수 없는 존재 있다면
그 존재 인정하고 받아들임이
참사랑이요 참다운 배려심이기에

그 판단기준을
好.不好보다는 是와 非에 두어야 한다네.

중세의 십자군전쟁(1096-1270)은
神의 이름으로 차별을 정당화시킨 역사의 아픔이요
지금도 그 형태 바꾸어 가며
이 사회를 어둡게 하는 무리들이 있다

세상이치라는 그 물결
어느 순간 바뀌기에
그 누구도
차별로부터 자유롭지 못함을 알아야 하고

이젠
이 사회에 드리워진 선입견과 편견으로부터
벗어나가고자 하는 다짐을
해야 하지 않겠는가.

2020년 7월 4일(토) 15시 15분에

정의당(장혜영 의원)이

2020년 6월 29일 자로

"포괄적 차별금지법"을 대표 발의했다는 신문기사를 읽다

한 사람의 죽엄

160 200711

우리 人間史
존재의 군상만큼이나
죽엄의 군상도 다양하구나.

어떤 사람이
떠나버린 뒤 어른거려옴은
그 자의 흔적이 남긴 향기 때문일까?
그 자가 꿈꾸었던 여백이 사라져서일까?

시행착오라는
한 번의 날개짓이
어찌도 이리 안타까웁게 하는가.

한 인간이
남기고 간 역류가
어찌 이리도 안타까웁게 하는가.

이로 인하여
그 자가 걸어온 길을
백안시해선 안되겠지

그 자의 전체를
오염시켜서는 안되겠지

상광교종점을 향한 하행길
상념에 젖어 적어본다.

1. 山 내려가다
발걸음 한 번에 절벽으로 떨어질 수 있음을
人生이란 山 내려갈 때도
그리될 수 있음을 생각하지 않을 수 없네.

2. 눈에 보이는 山이든
눈에 보이지 않는 山이든
절벽으로 떨어짐은 내려가는 여정의
안도감 때문인가?
방심함 때문인가?

추락함에는
날개도 없다함은
날개가 있다 하더라도
어찌할 수 없다는 말인가?

3. 人生事

一生一死라 하고
잠시 머물렀다 떠나감을
이름하여 죽엄이라 한다지

누구에게든
죽엄의 가치는
떠날 때 그 뒷모습에 있다 하는데

어찌되었든
가는 자의 뒷모습은
아름다워야 하지 않겠는가?

한 사람 죽엄 앞에서 바라본다.
나에게도 다가올
命의 끝자락인
죽엄의 뒷모습은 어떨까라고.

<u>2020년 7월 11일(토) 12시</u>
<u>박원순 시장의 갑작스러운 죽음을</u>
<u>아침부터 생각하다</u>
<u>상광교종점 하행길의 계곡 옆 벤치에서 적다.</u>

中 庸

161 200713

過猶不及 / 安分知足

- 미흡함을 벗어나고
- 지나침에서도 벗어나야
- 평온함도 얻고 知足도 얻는다.

우리 살아가면서
어릴 땐 앞을 향해 달려가라 하고
나이 들어선 좌.우를 경계하며 살아가라 한다.

그 좌우의 경계선
눈에 보이지 않으니 어찌할까나.

하나는
미흡함이란 경계선이요
다른 하나는
지나침이란 경계선이라네.

우리 인생 누구나
그 양경계선을 넘나들며
살아가고 있지 않는가.

그 경계선 밖으로
나갔다 돌아오지 못하면
파국의 길로 치닫는다 함을
우리 주변사는 이야기해 주고 있다.

어찌되었든
우리 삶의 여정에서
中庸이란 무엇인가.

中이란 받아들임이요
庸이란 모자라지도 지나치지도 않는 상태라 한다.

中庸은
이 세상 모든 관계 중에서
으뜸이요

그 가르침은
영혼의 울림이요
삶의 여운을 깊어지게 하는 나침판이다.

이 세상 모든 존재가
스스로 그러함이 自然이고

이 세상 모든 존재가
어울리게 함이 中庸이라네.

中庸은
치우침을 잡아주는 균형점이요.
모든 사람을 이길 수 없다는 가르침이요.
뭇존재들에게 謙遜하라는 메시지라네.

2020년 7월 13일(월) 05시 32분
“인간관계의 중용은 不可近 不可遠이라”는
문구를 읽은 후 몇 번을 누웠다가 일어나 쓰다.

因 緣

162 200719

우리
잠시 머물렀다 가는 세상
- **하늘엔 인연이 구름 되어 흐르고**
- **땅에선 인연이 강물 되어 흘러가네.**

우리의 삶
그 무엇이 우리를 오고 가게 하는가?
인연따라
만나고 / 이어지다 멀어지고 / 헤어진다 한다.

우리의 만남과 이별
인연의 오고 감이겠지.

어찌되었든
- 만남은 인연이 끌어당긴 햇살이요
- 이별은 인연이 밀어낸 달빛이라 하면 어떨까.

인연이 生하면
만남은 이루어지고
그 인연 다하면
이별이 찾아오기에
미련 남겨서는 안된다 하네.
-
그 미련이
后生의 그림자 되어선 안되겠기에 말이다.

우리 生의 중요한 가치가 自由라 했던가.
그 자유스러움도
인연의 울타리 안에서 주고받음일 뿐
그 울타리 벗어나면 허공 속의 메아리가 아니겠는가.

어느 先師가 읊으신
「청산은 말없이 살라하고
창공은 티없이 살라함에
물같이 바람같이 살다가라」 함도
인연의 향기로움을 노래함이 아니었던가.

2020년 7월 19일(일) 20시 14분
- 존재의 세계엔 인과법이
- 관계의 세계엔 인연법이
스며들어있다 함을 생각하며 쓰다.

자기함정

(副題 : 우리 자유로워지고 있는가)

163 200803

우리
하늘을 바라보고 걷다
웅덩이에 빠짐은 자신을 살피지 못한
자기함정인 것이다.

우리
지위없음을 부끄러워함도
자기를 알아주지 않음을 불평함도
스스로 자기 발목을 잡는
자기함정인 것이다.

원하는 것을 얻고자 환심을 사려함도
남들에게 번듯하게 보이려함도
우리를 자유롭게 하지 못하게 하는
자기함정인 것이다.

우리
옛적에 얻지 못한 것에 대한 미련도
이미 지나가 버림을 향한
자기함정인 것이다

자신의 지나온 그림자 바라보며
변명하고 합리화시키려함도
자신을 위로한다 하지만
자기함정인 것이다.

혹시나
착하게 살아야 한다는 가면과
그 안의 허물을 벗어버리지 못하고 있다면
이또한 자기함정이 아니겠는가.

우리 주변에 널려있는
이러한 자기함정이란
질곡에서 벗어날 수 있어야
자유스럽다 하지 않겠는가.

우리의 인생고개
올라갈 땐
그러하지 못하였다 하더라도
내려갈 땐
보다 자유러워져야 하지 않겠는가.

<u>2020. 8. 3.(월) 18시 58분에</u>

<u>자기함정이란 화두를 잡고</u>

<u>이로부터 벗어나고자 하는 바램을 안고서 쓰다.</u>

이 세상에 공짜는 없다

164 200806

우리 살아가는 동안
가끔씩 들어보는 말이 있다.
「이 세상에 공짜는 없다」 라고.

많은 시간이 흐른 후
되새김질해본다
- 하나를 얻으면 다른 하나를 내놔야 하고
- 하나를 잃으면 다른 하나를 얻게 된다는 말이었다함을.

그러하니
- 하나를 얻었다고
너무 기뻐하지 말며
- 하나를 잃었다고
그리 슬퍼하지도 말라는 뜻이다라고.

많은 현인들
우린 모두 나그네라 하였는데

그 나그네
인생엔 그 어떠한 공짜도 없음을
당당하게 실천한 행동가임을 말함이었던가?

우리 누구나
빈손으로 왔다가
빈손으로 사라져 가는 존재임을 말함이었던가?

어느 나그네
스스로 다짐하길

「나, 빈손으로 왔으니
당연히 빈손으로 간다는 상념으로 걸어가고 있다」면
이가 바로 진정한 삶의 주인인 것이다.

가끔씩
우리 삶 안으로 찾아드는
우연이란 불청객도 가면을 쓴 필연이고
공짜 또한
우연이란 가면을 쓰고 찾아드는 것이라면

「이 세상에 공짜는 없다」라는 말은
우리가 간직해야 할
삶의 깊은 울림이라 해도 괜찮치 않겠는가.

2020년 8월 6일(목) 19시 48분

생각해 본다
우리 살아가다 / 놓쳤버렸거나, 잃어버린 것들은
무엇으로 보상을 받아야 하는가?

흔들림

165 200807

하늘과 땅을 이어줌은
바람(風)의 흔들림이다.

하늘아래
땅위의 모든 존재
바람을 안고 있기에
끊임없이 흔들리는 존재인 것이다.

이러한 흔들림이란
- 우리 몸이 굳어져 감을
- 우리 감정이 무디어져 감을
- 우리 性情이 완고되어져 감을
거부하는 변화의 속성인 것이다.

우리
나이 들어가면서
사랑도 그리움도 뒤로 하고
그래도 멋지게 늙어가보자 하는 다짐은
흔들림의 속성을
받아들이겠다하는 의지의 바람이 아니겠는가.

2020년 8월 7일(금) 09시 56분에

아침6시부터
상현동골프클럽에서 거점홍보하고 있다가
메모지 안에 적혀있던 아래글을 접하고 쓰다.
「우린,
공간의 바람과 시간의 바람을 받아들여야 하는
끊임없이 흔들리는 존재이다.」

갑과 을

166 200810

어느 때부터인가
수없이 이어진 오고 감 한가운데
甲과 乙이 중심에 자리잡고 있다.

그 언제부터인가
이 사회엔 항상 질문만 하는 자가 있다.
그 자를 일컬어 甲이라 불러왔다.

해결하고자 하는 의지도 없으면서
질문만 하는자를
甲이라 할 수 있는가?

옛부터
으뜸을 甲이라 하였는데
이 시대를 관통하는 진정한 甲은 누구인가.

높은 지위 차지하고
막대한 부를 거머쥐고서
아래를 내려다보는 자인가.
그러한 자는 아닐 것이다.

공간축에서
선택을 다양하게 하고
시간축에서
같은 실수를 반복하지 않는 자인가.

나아갈 길을 자유로이 선택하고
같은 실수를 반복하지 않는 자라면
나또한 진정한 甲인 것이다.

파도의 물결침은
눈앞에서 사라져 가고
나섬과 물러섬은
기억 저편으로 사라져가고 있듯이

우리 주변엔
수많은 갑질과 을질이 얽혀 돌아가고 있고
우리네 마음 안에서도
갑질과 을질이 오고 가고 있다

자만과 오만과 우월감은
내면의 갑질이며
부족함과 좌절감과 열등의식은
내면의 을질이다.

이러한
갑질과 을질을 잠재워 나감은
누구의 몫인가?

걸다보면 몸 따뜻해지니
봄이요
주변인을 살핌은 세상을 따듯하게하는
또 다른 봄이다.

그리움을 안고
돌아다 보면 추억이요
그리움을 안고
가다보면 기다림이라 하는데

이제 그만
갑질과 을질을 잠재워 가며
그냥
오고 감을 안고
가보자 하는구나.

2020년 8월 10일(월) 02시 48분

6개월 여전부터인가
갑과 을에 대한 그때그때의 상념을
적어 놓았던 글을 읽어보며 되새김하다 쓰다.

끼와 꾼

167 200910

태어난 자
원하든 / 원하지 않든
끼와 꾼을 안고 간다네.

끼는 예술의 씨앗이요
꾼은 숙련의 씨앗이라 하고
끼는 예술인의 덕이요
꾼은 匠人의 덕이라 한다네.

끼는
사람의 눈을 뜨게하니
아침햇살이요
끈은
忍苦를 요구하니
삶의 꽃이라 말할 수 있는 것이다.

끼는
카리스마와 품격을 키워주고
끈은
겸손의 미덕을 쌓아가게 하기에

中庸을 향하여
나아가게하는
수레바퀴라 말할 수 있는 것이다.

살아있는 자
싫든 / 좋든
가야만 하는 길이 있다.

그 길의 여정에서
험한 굴곡짐도 넘어서야 하고
가다가 빈하늘 바라보며
주저앉기도 한다.

그 길을 가면서
비바람을 헤치며 달리는 말과
험한 자갈길을 지날 수 있는 마차도 있으면
좋지 않겠는가?

누구나
그러한 말과 마차를 가지고 있음에도
그 있음을 모르고 살아가고 있지는 않는가?

우리
끼라는 말을 타고
꾼이라는 마차를 타고
가고자 하는 길 가보자구나.

그리 하다보면
흐르는 세월이 가져다주는
정겨운 노을을 맞이할 수 있지 않겠는가.

2020년 9월 10일(목) 16시 49분에
동천동 현대테라타워분양사무실에서
간간이 써두었던 수첩의 메모들을 정리하며 쓰다.

길모퉁이

168 200921

길 가다 보면
가끔씩 모퉁이를 만난다.
그 모퉁이 돌아서면
비탈길 나타나는가 / 돌밭길 나타나는가.

아니다
꽃길이 나타날거야
꽃길 위로 새가 날아오를거야
라는 상상을 해보지는 않았던가.

어찌되었든
길모퉁이 돌아가야 하는데
길모퉁이 앞에서 망설이는 발걸음
무엇이
우리를 그리도 머뭇거리게 하는가.

어떤 길이든
안고 가야 한다는 담담함이
우리를 성숙케 하는 것이다.

어떠한 길모퉁이 앞에서라도
너무 두려워말자.
그렇다고
지나친 기대도 하지말자.

어차피
죽어야만 끝나는 길이라 하는데
죽지 않으면
그 길, 끝이 없다 하는데

우리네 인생길
죽음을 앞에 두고
기대할 것이 무엇이며
두려워할 것은 무엇인가.

한발 물러서서
그 길모퉁이 바라보자
그리고나서
그 모퉁이 당당하게 돌아가 보자.

2020년 9월 21일(월) 18시 14분

경향신문 정동칼럼에
기고한 임은정 검사의 "길모퉁이" 읽은 후
삶의 여정은
두려움에도 흔들거리고 / 기대감에도 흔들거리는
그네라 함을 생각하다.

존재와 죽엄

169 200929

존재는
외로움에 관계를 그리워하고
언젠가 사라진다는
두려움에 몸부림치는 것이다.

삶 한가운데로
외로움의 바람 / 두려움의 바람이
그 모습 바꾸어가며
계절따라 오고 가고 있다.

누구나
삶의 한모퉁이에서
지나옴을 마감함에
영원히 돌아올 수 없음의 그 순간
어찌 미련이 없을 것이며
어찌 두려움에서 자유로울 수 있겠는가

우리
그 순간이 다가오기 전에
삶을 마무리하는 餘裕(여유)를 가져보자구나.

그리해야
주어진 삶
비로소 완성되는 것이다.

누구나
사라져가야 하는 존재이기에
이왕이면
그 사라짐에 여운이 있다면 좋지 않겠는가.

한낮에
작열했던 햇빛이
저녁에 노을로 물들어 가며
오늘하루가 완성되듯이

우리삶의 조각들도
자기만의 노을 앞에서
물들어 갈 수 있기를 바래본다.

<u>2020. 9. 29(화) 20시 53분</u>
<u>유시민작가의「어떻게 살 것인가」의</u>
<u>에필로그「현명하게 지구를 떠나는 방법」을 읽고나서</u>
<u>하루여가 지나간 시간에...</u>

삶 Ⅳ

(코로나의 가을하늘 아래에서)

170 201029

나는
보았네.
새벽그림자 속으로
뻗쳐 나가고 있는 아침햇살을.

나는
들었네.
그 햇살이 불러온
아침을 알리는 새소리를.

나는
느꼈네.
한밤이 지나면
어김없이 아침이 찾아온다는 설레임을.

하늘엔
예측할 수 없는 바람이 불어오고
우리 여정엔
번갈아 禍와 福이 찾아듦에도

우린
살아가야 한다.
생각으로 살아가야 한다.

가끔씩
던져보는 의문이 있다.
「겨울의 의미는 무엇일까」라고.

어느 역사학자 말했다네.

강한 자가 이기는 것이 아니라
살아남는 자가 이기는 것이요
겨울의 끝이 봄이듯이
절망의 봄도 반드시 찾아온다고.

가끔씩은
하늘의 푸르름을 바라보며
우리 주변 돌아다 보자.

코로나 시국의
극성스러운
회오리바람 속에서도

가을향기
우리 눈 속으로 스며들고
가을하늘
울긋불긋 단풍과 함께
우리에게 찾아오고 있음에 감사한다.

2020년 10월 29일(목) 12시 31분
10월이 가기 前
가을을 생각할 수 있음에 감사하며
광명시 철산동에서

백세시대를 앞에 두고

171 201119

옛적엔
人格의 종착지가 60 고개라 했는데
지금은
그 종착지가 백세고개를 향하고 있다.

백세시대를 앞에 두고
그 그림자 짙어감 아래에서
한 구절 읊어본다.

「백세의 그림자가 다가옴을 어찌하랴
그 그림자
있는 그대로 받아들여야 하지 않겠는가.

그러고 나서
나는 나다워야 한다고 생각하자.
새월 앞에선
나는 더욱더 나다워야 한다고 다짐하자.

이것이
인간백세를
견디게 하는 일용할 양식이다」 라고.

<u>2020년 11월 19일(목) 13시 40분</u>
<u>깊어가는 가을 모퉁이에서</u>

歲月沙漠 (세월 사막)

172 201213

어느 여행자
사막을 걷다
마주편에서 오는 여행자를 만난다.
이는 우연인가 / 인연인가

그 만남
스치며 지날 수도 있고
후일을 기약할 수도 있네.
전자는 우연이 되고
후자는 인연이 되는구나.

우연과 인연
한박자 다를 뿐임에도
우리의 만남
인연이라 한다면 동경하며 집착하지만
그 만남
우연이라 하면 무시하듯 지나친다네.

세월의 지평선에선
우연과 인연은
한끝에서 나왔을지 모르는데도 말이다.

사막 위 여행자
사막의 끝은 어디엔가 있겠지라 하겠지만
세월사막의 끝은
어떤 모습일까?

어느 누구도
가보지 않는 길이기에
돌아와 어떻다더라 말해주는 자 없네.

우리에게 주어진
세월사막의 여정에서 만남
우연인가 / 인연인가
그 몫은
세월의 몫인가 / 나자신의 몫인가

누군가의 말씀
삶 속으로 스며들어 오는구나.

○ 우연은
스쳐가는 바람일 뿐이지만
우연이 겹치면 인연이라고.

○ 인간사
수많은 우연이 오고 가며
세월의 흐름 속에서 인연되어 나타나기에
우연은 인연의 또 다른 이름이라고.
○ 그 인연
발효되었다면 善緣으로
그렇지 못하면 惡緣으로 다가온다고.

○ 인연은
우리 의지가 만들어 낸 창작품이기에
그 어떤 모습이든
그 앞에선 엄숙함이 있어야 한다고.

2020년 12월 13일 영시 사십분에.
세월사막(고령사회)의 능선을 바라보며
그 능선이 굽이치며 다가옴을 어떻게 받아들여야 하는가를 생각하다.

나이듦

173 210103

辛丑年
새해아침의 맑은 기운 마셔보자.

내 몸 비워있어야
그 기운 들어옴은
비움이 있어야 순환된다는 자연의 이치다.

새해소망도
내마음 어느 곳에 비움이 있어야 채워진다함도
비움이 있어야 이루어진다는 비움의 가르침이다.

세월 속으로 한걸음씩 들어가며
비움의 의미가 받아들여짐을
나이듦이라 하자.

나이듦
늙어가는 것이 아니라
익어가는 과정이기에
누구에게나 소중한 것이다.
지나온 여정의 굴곡짐이 소중했던 것처럼 말이다.

새해아침에 다가온
「내삶의 동반자가 내삶의 메아리였구나」라는 문구가
가슴깊이 스며듬은
이 또한 익어가는 과정이겠지.

그 의미
되새기며
새해아침 눈감고 귀기우려보네.

내삶의 골짜기에 울려퍼지는 메아리소리가 들려오는가?
들려오는 만큼
우리 익어가는 것이다.

내삶의 동굴 속으로 울려퍼지는 메아리소리는 어떠한가?
들려오는 만큼
우리추억도 익어가는 것이다.

그 익어감이란 열매의 이름
무엇이라 할까?

그래
자존감이라 하자.
「나라는 존재가 이세상 그 무엇보다도 소중하다」
는 자존감 말이다.

그렇구나,
나이듦은
바로 자존감이 익어가는 것이구나.

이러한 나이듦이
우리 삶의 노을로 물들어 갔으면 하는
바램을 가져보자구나.

<u>2021년 1월 3일 17시 50분에</u>
<u>경향신문(2021. 1. 2. 토) 토요기획코너의</u>
<u>「새해엔 나이듦과 사이좋게 지내요」를 아침에 일어나 읽고서</u>

어제와 오늘

174 210131

태초부터
잉태된 빛과 그림자가
어제와 오늘이 되어
우리 주변을 감싸며 흐르고 있다.

우리 살아오면서
그 수많은 어제와 오늘
어찌 헤쳐왔을까를 되돌아보면서

어제와 오늘이
던져주고 있는
메시지가 무엇인지를 새겨보자구나.

● 어제가
오늘에게 전하는 말씀이 있네.
- 어제를 살필 줄 알아야 오늘이 새로워지니
어제를 다지며 아침을 맞이하라고.

● 어제의 마음이
오늘의 마음에게 전하는 말씀이 있네.
- 어제의 생각에 머물면 오늘을 온전하게 살 수 없으니
머무름이 없는 마음으로 살아감이 최고의 德이라고.

2021년 1월 31일(일) 13시 13분
경향신문(2021.1.30.) 사유와 성찰코너의
「금강스님의 아름다운 회향」 기사를 읽고서

세월바다

175 210329

가끔씩은
바닷가에 나가 수평선 바라보며
돛단배 하나
수평선 넘나듬을 상상해보자.

우리의 삶
원하든 / 원하지 않든
건너야 할 세월바다가 있다.

세월바다
고요하면 즐거움의 바다이고
요동치면 괴로움의 바다인가.

고요하든
요동치든
그 밑에 슬픔의 바다가 물결치고 있다 한다면

세월바다는
더이상
즐거움의 바다도 아니요
괴로움의 바다도 아니요

오로지
슬픔의 바다일 뿐인 것이다.
세월바다 위에서
일어나는
모든 現像의 근본을

슬픔이라 받아들인다면
그 바다 고요해질 것이요
그렇지 않다면
그 바다 요동칠 것이다.

2021년 3월 29일(월) 05시 10분
生命이
만들어 가는 삶의 바탕은
본디 슬픔이 아닐까 생각하며 쓰다

修行의 길

176 210404

우리
길을 가다 보면
봄.여름.가을.겨울이
다가왔다 스치며 지나간다.

뒤돌아보니
그 계절
이미 사라져 버리고 보이질 않네.

지나온 길
그 이름을 무엇이라 할까나.
諸行無常이라 불러보자구나.

그래
修行의 길이란
諸行無常을 알아가는 길인 것이다.

흐르는 계절 바라보며
차한잔 마시다
어느 禪師 읊으셨다네.

- 첫잔은 향기를 마시고
- 둘째잔은 맛을 마시고
- 셋째잔은 세상을 마신다고.

이에 答하여 본다.

\- 만물의 계절과 더불어
세상을 바라봄도
修行의 한모습이요.

\- 만물의 계절과 더불어
끊임없이 나를 바꾸어 나아감도
修行의 한소식이로구나 라고.

2021. 4. 4(일) 18시 23분
MBN의 현장르포특종세상의
덕원스님(속명 : 최호견)의 인터뷰를 보고나서

自然과 나

177 210418

자연은
언제나 그 자리에 있으면서
나를 바라보고 있다.

나 또한
그 자연을 마주하며
세월을 받아들이고 있다.

자연과 나사이에
흐르는 계절은

자연에겐
풍요로움을 가져다주고
나에겐
삶의 희로애락을 가져다주는
또하나의 자연인 것이다.

자연이 변하여 가니
계절이 오고 가는 것인가.
계절이 오고 가니
자연이 변하여 가는 것인가.

어찌되었든
그 가운데에
세월과 함께 흘러온 내가 있다.

2021년 4월 18일(일) 21시 10분에
세월이란
자연이 계절따라 변해가는 것이라 함을 생각하며

긍정의 노래

178 210508

어둠의 길 걷다
한줄기 빛을 만난다면
그 기쁨 어떠하리요.
설사 그 빛이 반딧불일지라도 그러하다네.

어느 先知者 노래하셨다네.

1. 어제라는 어둠의 길 밝힘은
오늘이라는 긍정이요
오늘이라는 어둠의 길 밝힘은
내일이라는 긍정이다라고.

2. 긍정은
단순함에서 나오기에
아름답고 위대한 것이요

긍정이란
참고 억누르라 함이 아니요
어제보단 오늘이 / 오늘보단 내일이 나아지리라는 믿음이다라고.

3. 우리가 바라는 긍정
그 시작은 내일을 향한 설레임이요
그 끝은 또 다른 긍정의 시작이 아니겠는가라고.

2021. 5. 8(토) 20시 51분
오늘하루가 아름답다 느낄 때
내일을 스스럼없이 받아들일수 있다함을 생각하며.
작곡가와 인연이 닿아 이 글이 가곡/가요가 되어 젊은 세대에게 애창되기를 기대하면서.

달빛아래 내마음

179 210520

바람따라 흐-르는
달빛이 새삼 고와
내마음을 고이접어
그대에게 보내오니

내마음을 등불삼아
오시는 길 밝히시고
님이여 해맑은 미소
나에게로 보내주소서.

2021. 5. 20.(목) 21시 05분
달빛(조운파 작시.곡 / 김용연 편곡)의
"님이 누구인지는 각자의 몫이다" 라 함을 생각하며 3절을 쓰다.

갯벌바다

(副題 : 나는 어디로 가고 있는가)

180 210611

고향을 찾은
유월 어느날 하늘아래
바람을 벗삼아
온갖 시름 던져 버리고
갯벌바다를 가로지르는 천사(1004)대교를 달리다
「나는 누구인가?」라 되짚어 보았네.

지난밤 비바람 지나간 후
밝아온 아침에
창문너머 갯벌바다 바라보는 자는
누구인가라고 되물어보았네.

끝없이 펼쳐진 갯벌바다
바라보다
떠오른 상념 적어보자구나.

- 바다 수평선 저너머
돛단배가
나를 향해 손짓하네.
함께 저바다 넘어가자고.

- 미련없이 갯벌바다 뒤로하고
보다 큰 창해로 가자하네.
그 갯벌바다에만
머물수는 없지 않겠는가 하면서
가자하네.

2021. 6. 11(금) 08시 28분

\- 신안군 압해도 "저녁노을팬션" 에서
창문너머 갯벌바다 바라보다
前生은 모르지만, 後生의 모습은
상상해 볼 수 있지 않겠는가를 생각하다. -

삶의 스승

181 210614

자욱한 안개가 어려있는
길 앞에 서있다 보면
떠오르는 문구가 있다.
「三人行 必有師」라는 문구다.

우리 태어나
- 처음의 스승은 누구이겠는가.
- 격동의 사춘기시절의 스승은 누구이겠는가.
- 열정의 청장년기시절의 스승은 누구이겠는가.

삶은 각자의 몫이기에
「누구이겠는가」를
「누구였는가」로 바꾸어본다.

<u>스승이라는 존재는</u>
- 학식이 높은 자도 아니요
- 덕망이 깊은 자도 아니요
- 부와 권력을 가진 자는 더욱 아닐 것이다.
<u>삶의 인연따라</u>
<u>나타났다 사라진다 함이 맞다.</u>

삶의 여정에서
나타났다 사라진 수많은 스승들이
누구인지는 알고 있는가.
그들에게 감사하는 마음을 가져는 보았는가.

뜨거웠던 태양 앞에서
그림자 만들어
삶의 그늘을 제공하여 주었던

스승이란
존재와 인연 앞에
「어찌해야 하겠는가」를 생각하여 본다.

2021. 6. 14(월) 09시 36분
- 오늘아침 거실에 앉아
삶의 스승은
우리 주변에 여러모습으로 나타남을 생각하며 -

한순간의 바람

182 210715

바람은
무엇인가를 가져다준다.
- 들녘에 피어있는 꽃들의 향기를 날라다 주고
- 한적한 오솔길의 바람은
우리를 추억의 저편으로 이끌어준다.

지금이란 좌표 속의
나 또한
시간바람과 공간바람이 만들어낸 모습이겠지.

어떤 바람이든 우리를 재촉한다네.
- 머무르지 말고 움직이라고
- 서두르지는 말고 움직여 나가보라고.

그 누가 말했던가.
- 順天者는 흥하고
- 逆天者는 망한다라고.

아마도
- 변화의 바람을 거부하지 말라는
- 시대의 바람을 거슬리지 말라는 역사의 가르침이겠지.

우리 지나온 길 돌아다본다.
그땐 몰랐어도
그 자리엔 수많은 바람이 스쳐갔고
우리를 감싸며 머무르다 사라져 갔음을.

지금은 느낄수 있네.
「아 ~ 한순간의 바람이었구나」하는 아쉬움이
그리움되어 밀려오고 있음을.

우리 人生史
- 청춘도 한순간의 바람이요
- 늙어감도 힌순간의 바람이라네.

먼훗날
한순간의 바람을 뒤로하며
그 이름 무엇이라 하면 좋겠는가를
생각하여 보자구나.

2021. 7. 15(목) 05시 50분
\- 거실에 앉아 지나온 마음을 바라보며 -

한여름밤
가을을 생각하다

183 210806

멀고도 먼 하늘이
푸르다 하나
그 깊은 곳엔
어두움 자리잡고 있고

우리삶
즐거움과 함께한다 하나
지나온 길
깊은 질곡 스며 있었네.

한여름날의
뜨거움에 지쳐 갈지라도
어김없이 찾아오는
가을들녘의
한가로움을 생각하여보자구나.

한여름밤의
무더위와 뒤척거리더라도

밤하늘에
부서지는 달빛이
가을바람과 함께
찾아오는 계절을 기다려 보자구나.

우리 人生史
갈등질풍의
들녘 한가운데로

한소식이
가을바람되어
찾아올 수 있음을 기다려보자구나.

2021. 8. 6(금) 07시 27분

새벽3시경에 깨어나 뒤척이다
金得臣(1604-1684)의 風枝鳥夢危 露草蟲聲濕(바람부는 가지에
새의 꿈이 위태롭고 이슬젖은 풀잎에 벌레소리 젖누나)라는
가을을 찬양하는 싯귀를 읽어보다 / 잠들다 / 깨어나 쓰다.

附

● 詩10鮮을 품으며 간다.

詩10鮮

○ 가을이 바람되어 찾아오는 가을들녘을 바라보며
그 가을들녘에 나가
10개의 깃발을 꽂고
그위에 깨끗하고 고운 10편의 詩를 적어보자구나

○ 그 깃발이 바람을 맞으면
그 바람의 이름
무엇이라하면 좋을까를 생각하다 적어본다네.
「詩風」이라 하면 어떻겠는가라고.

1. 序　詩

- 尹東柱 -
(1917. 12. 30.-1945. 2. 16)
生 : 길림성 명동촌
死 : 후쿠오카형무소

죽는 날까지 하늘을 우러러
한 점 부끄럼이 없기를
잎새에 이는 바람에도
나는 괴로워했다.

별을 노래하는 마음으로
모든 죽어 가는 것들을 사랑해야지
그리고 나한테 주어진 길을
걸어가야겠다.
오늘 밤에도 별이 바람에 스치운다.

2. 驚 異

\- 包石 趙明熙 -

(1894. 8. 10 - 1938. 5. 11)

生 : 충북진천벽암리 수암부락

死 : 하바로프스크에서 사형됨

어머니 좀 들어주서요
저 황혼의 이야기를.
요사이에 어둠이 엿보아 듣고
개천 물소리는 더 한층 가늘어졌나이다.

어머니 좀 들어주서요.
손잡고 귀기울어 주서요.
저 담아래 밤나무에
아람 떨어지는 소리가 들립니다.

뚝하고 땅으로 떨어집니다.
우주가 새아들 낳았다고 기별합니다.

등불을 켜가지고 오서요.
새손님 맞으러 다 기도를 드릴 때입니다.

2015. 9. 8(화)

진천터미널 건너편
포석 조명희 문학비석에
새겨 있는 시를 옮겨 놓습니다.

3. 삶이 그대를 속일지라도

(1825년 작)

\- 알렉산드르 푸시킨 -
(1799. 6. 6.-1837. 2. 10)
생 : 상트페테르부르크
사 : 37세(결혼 32세)

삶이 그대를 속일지라도
슬퍼하거나 노여워하지마라.
슬픔의 날 참고 견디면
기쁨의 날 오리니.

마음은 미래에 살고
현재는 늘 슬픈 것
모든 것은 순간에 지나고
지나간 것은 다시 그리워지나니.

삶이 그대를 속일지라도
노하거나 서러워하지마라.
절망의 나날 참고 견디면
기쁨의 날 반드시 찾아오리니.

마음은 미래에 살고
현재는 언제나 슬픈 것
모든 것은 한 순간에 사라지지만
가버린 것은 마음에 소중하리니.

삶이 그대를 속일지라도
슬퍼하거나 노하지마라.
우울한 날들을 견디며 믿으라.
기쁨의 날 오리니.

마음은 미래에 사는 것
현재는 슬픈 것
모든 것은 순간적인 것
지나가는 것이니.

삶이 그대를 속일지라도
슬퍼하거나 노하지마라.
설움의 날을 참고 견디면
기쁨의 날은 오고야 말리니.

● 삶의 어두움을 네 갈래로 나누어 노래하였다네.

1. 슬픔의 날
2. 절망의 날
3. 우울의 날
4. 설움의 날

● 참고 견디고자 하는 마음을 다지라 하였네
그리하면 기쁨의 날 반드시 오리라는 믿음을 가지라고.

4. 구두병원

이 종대
- 청주시 내륙문학상 수상, 2016년 -
- 2002년 어머니의 새벽, 2011년 뒤로걷기 시집 발간 -

사거리 한복판 작은 의자
어릴 적부터 구두를 닦아 온
초등학교동창생 광수가
구두를 고친다.

세상먼지 털어내고
오물은 닦아 내고
닳아 빠진 밑창은 기어코
뜯어 고친다.

바늘에 찔리고
칼에 찢겨도
피멍 든 손바닥으로
고르지 않은 이 땅
높은 곳은 끊어 버리고
터진 데는 메워 가며

기우뚱거리는 거리에서
제대로 살아 보라고
바르게 걸어 가라고
바닥을 내리친다.
타악 탁 못질을 해댄다.

2016. 6. 20(월)
진천읍사무소 근처 구두수선방에서 옮겨 쓰다.
주인공 원광수씨 전하는 말씀이다
"7.8년 전 어느날 친우 이 종대 시인이 써주고 간 詩다라네."

5. 두갈래 넝쿨

박창종 / 92 160828

지나왔던 길 돌아다 보니
두갈래 넝쿨이 얽혀 있었네.

그 이름 비슷하다 하지만
한 갈래 이름하여 기대감이요
다른 갈래 이름하여 기다림이라네.

어느 누가 말했네.

- 기대감은
오지 않을 수도 있는 한줄기 바람이기에
우리에게 설레임을 가져다준다 하였는가?

- 기다림은
반드시 온다 하는 다가옴의 바람이기에
우리에게 즐거움을 안겨 준다 하였는가? 라고.

나이능선을 따라
그 두갈래 넝쿨이 얽혀들어 감에
우리삶의 고개도
오르락내리락 하였다함을

60 고개 능선에서야 돌이켜 보네.

2016. 8. 28(일) 06:13

后 記

\- 우리삶에
기대감보다는 기다림의 가치가
더 소중하다함을 생각하다.

\- 어느 시인(푸쉬킨)
슬픔 한가운데에서 읊었네.

삶이 그대를 속일지라도
서러움 참고 견디면
기쁨의 날 반드시 오리니라고.

이 또한 우연성을 안고 가는 기대감이 아니라
필연성을 품고 있는 기다림을 노래함이 아니었던가!

6. 一切(일체)唯心(유심)造(조)

(副題 : 있는 그대로 받아들인다)

박창종 / 110 171209

1. 외로움에 몸부림칠 때

「외롭구나
외로움의 존재이지」라고.
있는 그대로 받아들인다면

그 외로움은
더 이상
외로움이 아닌 것이다.

2. 우리의 주변사

그래 그렇구나라고.
있는 그대로 받아들인다면
그것이 일상이 되는 것이다.

우리의 판단 저울추를
어느 한쪽으로 옮겨 놓으면
있는 그대로 받아들일 수 있기에
마음 편안해지는 것이다.

3. 기대감 내려놓고.

있는 그대로 받아들이자는
사유습관 속으로 들어가 보자.
스스로 짓는 기대감과 그 뒤안길의 서운함 속에서
괴로워할 필요 없지 않는가?
이제, 그 굴레로부터 벗어나 보자.

4. 공자님, 70세 이르러

소욕 종심 불 유 구
所欲從心不踰矩라 하셨지 않는가?

그래

우리마음 편한 대로 걸어가 보자구나.

그 편함의 기준은

일체 유심 조
一切唯心造

바로 내가 정하는 것이라네.

<u>2017. 12. 9(토) 10시 50분</u>

<u>- 아침잠 꿈속에서 어머님과 외로움에 관한 이야기를 나누었던 것 같다.</u>

<u>- 깨어나 이 글을 쓰다.</u>

<u>- 어머님 가신지 만 4년에서 50일 못 미친 날 / 어머님 나를 찾아오셨네.</u>

<u>- 50여 일 동안 무엇을 생각하고 행하여야 할까.</u>

7. 禪詩 I

(論語 學而)

子曰

學而時習之　배우고 때때로 익히면
不亦說乎　또한 기쁘지 않겠는가.

有朋自遠方來　벗이 있어 멀리서 찾아오면
不亦樂乎　또한 즐겁지 않겠는가.

人不知　남이 나를 알아주지 않더라도
而不慍　노여워하지 않는다면
不亦君子乎　또한 군자가 아니겠는가.

8. 禪詩 II

(維摩經)

이 세상 모든 것
存在하는 것이 아닌 緣起하는 것이요

생기는 것도 인연따라
사라짐도 인연따라 오고 감 뿐이라네.

생길 적에도「나」없고
사라질 적에도「나」없다네.

주] 緣起 : 모든현상은 무수한 원인과 조건이 서로 관계하여 일어난다

9. 禪詩 III

(道德經)

1. 큰 德은 마치 공허한 듯하고
큰 사람은 마치 모자란 듯하며
밝은 道는 마치 어두운 듯하다네.

2. 가장 큰 그릇은 모양이 없고
가장 큰소리는 들리지 않으며
가장 큰 모습은 보이지 않고

3. 가장 큰 道는 이름이 없다네.

10. 禪詩 IV

(大智度論)

「色은 無常하다」라고 觀하라.
그리하면 즐기어 탐할 마음 사라지고
마음의 해탈을 얻나니.

무상은 괴로움을 낳기에
그 괴로움 싫어져서 떠나게 되면
그리함으로써 해탈하나니.

중생은 언제나 힘들고 고뇌하네.
이미 일어난 것 충분히 괴로웠고
아직 일어나지 않은 것 또한 괴로우리.

그러나
무상을 깨달았다면
일체를 버릴수 있어
해탈을 보게 되리니.

이 세상 모든 것
인연으로 생기기에 無가 아니요
제 성품이 없기에 有도 아니라네.

있는 것이 아니로데 緣에 의해 있기에
이것을 妙有라 하고
있지 않으면서 있기에 이를 幻有라 하는데
이와 같이
둘을 바로 보는 것을 中道라 한다.

주] 1. 無常 : 모든 것은 덧없음
2. 緣 : 원인을 도와 결과를 낳게 하는 작용

오늘하루

인쇄 : 2022년 6월 5일
발행 : 2022년 6월 10일

저자 : 박 창 종
주소 : 경기도 용인시 수지구 동천로 392번길 23 104동 101호
전화 : 010-9942-1663

제작 : 도서출판 藝家
주소 : 서울시 영등포구 영신로 45길 2
전화 : 02-2633-5462

ISBN 978-89-7567-635-2 10810

정가 12,000원